생선 아카데미

인간론 ❸

푯대를 향하여

프롤로그

생활 속 선교, 이것은 지난 2000여년간 기독교 공동체가 세상을 향해 꾸준히 던졌던 메시지입니다. 수많은 믿음의 선조들이 하나님을 아는 지식을 바탕으로 자신이 속한 가정과 일터에서 그 믿음을 지키는 삶을 살았습니다. 그들을 통해 가정이 바뀌고 일터 문화가 바뀌고 힘들었던 세상은 더 나은 세상으로 바뀌었습니다.

하나님은 우리 인간의 모든 영역에 관심을 갖고 계십니다. 생활 선교사는 각자 생활의 영역에서 하나님 사랑, 이웃 사랑을 실천하며 선교적 삶을 살아가는 사람입니다. 생활 선교사가 되기 위해서는 훈련이 필요합니다. 삶의 모든 영역에서 선교사의 역할을 감당하려면 성부, 성자, 성령 하나님은 어떤 분이신지, 우리는 어디로부터 와서 어디로 가는지, 인간의 창조와 타락과 구원의 과정은 어떠한지 이러한 다양한 주제에 대해 정리가 되어 있어야 합니다.

세상은 계속해서 우리를 속이려 하기 때문에 우리는 더욱 배우기를 힘써야 합니다.

> 악한 사람들과 속이는 자들은 더욱 악하여져서 속이기도 하고 속기도 하나니 그러나 너는 배우고 확신한 일에 거하라 너는 네가 누구에게서 배운 것을 알며 또 어려서부터 성경을 알았나니 성경은 능히 너로 하여금 그리스도 예수 안에 있는 믿음으로 말미암아 구원에 이르는 지혜가 있게 하느니라 딤후 3:13~15

생활 선교사를 줄여서 생선이라 표현하고 이분들을 훈련하는 아카데미를 개설했습니다. 온라인 방송은 세계 각 지역의 한인 디아스포라에게 생선 아카데미를 전파할 수 있는 좋은 수단이 되었습니다. 미국, 일본, 중국, 홍콩, 미얀마, 인도, 태국 등 다양한 나라에서 다양한 삶의 환경에 있는 분들과 함께 소통할 수 있었습니다. 이러한 강의 내용을 다듬고 핵심을 정리하여 각각의 주제를 명확하게 이해할 수 있도록 소책자 형식으로 발간했습니다.

생선 아카데미는 총12개 주제로 이뤄져 있습니다. 이 책은 첫 번째 주제인 인간론에서 제3강 "그리스도인의 영적 성장 단계"에 대한 수업 내용입니다. 독자들에게 영혼의 성장을 향한 갈망을 일깨운다면 『푯대를 향하여』는 소임을 다하는 것이라 생각합니다. 온 그리스도인들이 하나님께 즐거운 마음으로 순종하는 영적 아비의 단계에 이르기를 꿈꿉니다.

더 나아가 생선 아카데미에 발을 들이신 독자 여러분 모두가 성경을 배우고 구원에 이르는 지혜를 깨달아 생활 선교사로서 각자 삶의 영역에서 복음을 전파하시길 소망합니다.

박진석 목사

● 생선 아카데미 3대 목표

1. 하나님의 권능, 지혜, 성품의 도움을 받아 세상 권세를 이긴다.

2. 생활 선교사로서 온전한 사랑과 믿음과 지식을 구비한다.

3. 배우고 깨달은 바를 적용하고 실천해서 삶의 실제적인 열매를
   맺는다.

1장 / 하나님의 뜻대로 성장해야 할 인간의 상태

인간 성장의 궁극적 목표

사람이라면 살면서 누구나 겪는 과정이 있습니다. 비단 사람뿐만이 아니라 생명이 있는 모든 존재가 지나는 과정이라고 할 수 있습니다. 과연 무엇일까요? 바로 태어남과 죽음입니다. 모든 생물은 태어나고 죽지만 지금은 사람에게 국한시켜 이야기해보도록 하겠습니다. 사람은 누구나 태어납니다. 자기가 태어나고 싶어서 이 세상에 온 사람은 아무도 없습니다. 태어나고 싶은 모양을 스스로 결정할 수도 없습니다.

한 철학자의 표현을 빌리면, 인간은 이 세상에 "던져진 존재"입니다. 그야말로 어느 순간 태어나 버린 존재이기 때문이지요. 그렇게 시작된 삶은 누군가에게는 행복한 시간일 수도, 또 다른 누군가에게는 수고와 시련으로 가득한 시간일 수도 있습니다. 이 시간은 죽음으로 마침표를 찍게 되지요. 우리는 흔히 태어남과 죽음 사이에 있는 시간을 가리켜 삶이라고 부릅니다. 이렇게 인간은 삶이라는 시간을 통과하면서 각자의 인생을 살아갑니다.

이 시간은 "성장 가능성"을 내재하고 있습니다. 인간은 누구나 성장합니다. 그것이 내적인 성장일 수도 외적인 성장일 수도 혹은 둘 다일 수도 있겠습니다. 성장은 단순한 과정이 아닙니다. 그저 시간이 지난다고 균형 잡힌 성장을 경험할 수 있다는 보장이 없기 때문입니다. 우리는 누군가를 비난할 때 "저 사람은 존경스럽지가 않다.", "저 사람은 겉은 멀쩡한데 속은 영 아니다."라는 식의 표현을 사용하곤 합니다. 이렇게 비난하는 이유는 십중팔구 그 대상이 미성숙하다고 생각하기 때문입니다.

여기에서 우리는 한 가지 진리를 유추해 볼 수 있습니다. 인간이라는 존재가 아름답고 고귀하다고 인정받기 위해서는 "그를 그렇게 만드는 무언가"가 반드시 필요하다는 사실입니다. 성경은 사람이 하나님의 형상과 모양을 따라(창 1:26) 땅에서 왕 노릇(다스리도록) 하도록 창조되었다고 말합니다. 이 사실 하나만으로도 그 존재 자체는 큰 의미가 있습니다. 이것이 인간 존엄성의 성경적 근거입니다. 그러나 더이상 하나님의 본래적 디자인대로 살지 못하는 사람에게서 창조주의 영광과 아름다움을 발견하는 것이 힘들어졌습니다.

하나님을 믿는다는 것은 사람의 본래적 형상과 모양을 하나님의 도움을 통해 회복해가는 더디고 긴 과정이라 할 수 있습니다. 우리가 사람에게서 창조주의 영광과 진선미를 느끼는 순간이 따로 존재하지요. 그것은 사람의 "성장"에 달려 있습니다.

영·혼·육을 가진 사람의 성장은 균형과 조화, 질서를 따라 신묘막측하게 전개됩니다. 이미 경험하고 있듯이 육체의 성장은 일정한 단계에 이르면 더 이상 성장을 멈춥니다. 하나님께서 죄와 사망의 권세자에게 먹잇감으로 내어 준바 되었기에(창 3:14) 죄인된 사람이 육체의 정욕대로 살면 반드시 티끌같이 헛된 인생으로 끝나고 맙니다. 그러나 하나님의 영의 도우심을 받아 살아갈 때 속사람에 해당하는 영혼의 성장은 본질상 무한하고 영원합니다.

이러한 영혼의 성장을 내면의 성장이라 표현하고 싶습니다. 또는 성숙이라 표현할 수도 있겠지요. 성도의 산 소망(living hope)은 육체의 성장과 건강뿐만 아니라 영혼의 무한한 성장과 성숙에 달려 있다고 할 수 있습니다. 우리는 성숙한 인격을 가진 사람에게 매력을 느낍니다. 그리고 그를 존경하곤 하지요. 우리의 몸, 곧 우리의 겉모습이 전부가 아니기 때문입니다. 몸은 어느 정도 성장을 마치고 나면 더이상 자라지도 않고, 물리적인 힘이 있지 않는 이상 크게 변하지도 않습니다. 하지만 사람의 영혼을 통해 뿜어져 나오는 품격은 다릅니다. 사람의 인격은 유동적입니다. 한 평생 인격을 갈고 닦는다고 말할 수 있을 정도로 끊임없는 수양과 훈련을 필요로 합니다.

그리스도인에게도 인격의 수양이 요구됩니다. 삶의 습관으로 말하면 경건 훈련일 것이고, 교리적으로 표현하면 "성화"라고 부를 수 있습니다. 각자가 지닌 독특한 자유의지와 개성을 품은 채로 하나님의 성품을 닮아가는 것, 이것은 하나님의 축복임과 동시에 강력한 명령이기도 합니다. 우리가 태생적으로 간직한 하나님의 형상이 성령 하나님의 도우심을 받아 더욱 아름답게 빛나는 상태를 한번 상상해보십시오. 얼마나 영광스럽고 아름답겠습니까? 로마서 8장19절 이하는 모든 피조물들이 죄와 사망의 권세자 아래에서 함께 탄식하면서 하나님의 영광을 나타낼 장성한 하나님의 자녀들을 고대

하고 있다고 증거합니다. 이것이 바로 그리스도인이 궁극적인 목표로 삼아야 하는 인간상입니다. 이제부터는 그리스도인의 영적 성장, 속사람의 성장에 대해 이야기하려고 합니다.

세상에서 창조주의 뜻을 배우는 인간

모든 인류의 조상이 되는 첫 인간, 아담은 어떻게 성장했을까요? 성장을 논하기에 앞서, 아담이 어떻게 이 세상에 태어나게 되었는지 살펴보겠습니다. 삼위 하나님께서 태초에 인간을 창조하실 때, 완전하신 하나님의 형상에 따라 창조하셨습니다. 인간 창조를 성경은 다음과 같이 기록하고 있습니다.

하나님이 이르시되 우리의 형상을 따라 우리의 모양대로 우리가 사람을 만들고 그들로 바다의 물고기와 하늘의 새와 가축과 온 땅과 땅에 기는 모든 것을 다스리게 하자 하시고 하나님이 자기 형상 곧 하나님의 형상대로 사람을 창조하시되 남자와 여자를 창조하시고 하나님이 그들에게 복을 주시며 하나님이 그들에게 이르시되 생육하고 번성하여 땅에 충만 하라, 땅을 정복하라, 바다의 물고기와 하늘의 새와 땅에 움직이는 모든 생물을 다스리라 하시니라 창 1:26-28

죄 범하기 전의 아담은 그야말로 하나님의 형상이었습니다. 이는 후에 인간으로 세상에 오신 마지막 아담(고전 15:45), 즉 성자 하나님이신 예수님의 모델이라고도 할 수 있습니다. 인간의 시간 순서상 이렇게 표현하는 것이지만, 사실 아담이 성자 예수님을 닮았다고 말하는 것이 맞겠지요. 한마디로 최초의 아담은 모든 그리스도인이 목표로 하는 하나님의 형상을 가졌습니다. 다르게 표현한다면 하나님의 성품을 쏙 빼 닮은 존재였습니다.

많은 신학자들은 인간의 구성을 나눌 때 영, 혼, 육, 이 세 가지를 조합하여 표현합니다. 이것을 각각 따로 본다면 3분설, 둘로 나눈다면 2분설이라고 하는데요. 실상 첫째 아담은 1분설이라고 표현할 수 있습니다. 아담의 영과 혼과 육이 구분이 필요 없이 완전히 하나되어 조화롭고 아름다운 상태로 존재하고 있었기 때문이지요.

첫째 아담이 계속 이 상태로 살았다면 마지막 아담인 예수 그리스도는 자신을 십자가에서 속죄하는 희생의 제물로 드리실 필요가 없었을 것입니다. 하지만 결국 예수 그리스도가 십자가상에서 고난 당하시도록 만든 사건이 발생하게 됩니다. 많은 그리스도인들이 "첫째 아담이 죄를 범하지 않았으면 우리들이 지금 이 고생을 하지 않아도 될 텐데..." 라는 정도만 생각합니다. 하나님은 모든 것을 미리 다 아시고(예지), 이 세상 창조 전부터 죄와 사망의 권세 아래에서 고통하게 될 세상을 성자 예수님의 희생을 통해 새롭게 창조하기로 예정하셨습니다.

오직 은밀한 가운데 있는 하나님의 지혜를 말하는 것으로서 곧 감추어졌던 것인데 하나님이 우리의 영광

을 위하여 만세 전에 미리 정하신 것이라 이 지혜는
이 세대의 통치자들이 한 사람도 알지 못하였나니 만
일 알았더라면 영광의 주를 십자가에 못 박지 아니하
였으니라 고전 2:7-8

성경이 계시하는 그리스도의 비밀, 하나님 나
라의 신비를 "아멘" 하고 믿는 것이 믿음입니다.
그런 의미에서 죄와 사망의 권세 아래 고통하며
탄식하는 이 세상은 죄인들이 창조주의 뜻을 배우
고 훈련하는 학교라고 할 수 있습니다. 이것은 특
별히 하나님의 말씀과 성령의 도우심을 받아 그
속사람이 성장하는 만큼 깨달아 누릴 수 있는 신
비입니다.

본래 좋으신 하나님께서는 첫째 아담에게 "생육,
번성하여 땅에 충만하여 땅을 정복하고 땅에 있는
모든 것을 다스리라"라는 사명을 주셨습니다. 하나
님께서 지으신 세상을 하나님의 자녀에게 대신 통
치하라고 맡기신 것입니다. 하나님께서는 이 땅에

서 왕 노릇할 사명을 맡긴 아담이 살 처소로 에덴
(기쁨, 행복)의 정원을 만들어 주셨습니다. 아담은
이 에덴 동산에서 각종 나무들의 모든 열매를 먹을
수 있었습니다. 딱 하나만 제외하고 말입니다. 바
로 "선을 알게 하는 나무의 열매"였지요. 하나님께
서는 그 나무의 열매만 먹지 말고, 다른 열매는 모
두 먹어도 된다고 하셨습니다. 그리고 만약 그 나
무의 열매를 먹었을 때에는 무시무시한 일이 벌어
질 거라고 경고하셨습니다.

여호와 하나님이 그 사람에게 명하여 이르시되 동산
각종 나무의 열매는 네가 임의로 먹되 선악을 알게 하
는 나무의 열매는 먹지 말라 네가 먹는 날에는 반드시
죽으리라 하시니라 창 2:16-17

하지만 아담은 자기가 하나님이 되고 싶은 마음
때문에 경고를 무시했습니다. "하나님과 같이 될
것"이라는 뱀의 유혹에 넘어가 하나님의 자리를 넘

보게 되었던 거지요.

> 뱀이 여자에게 이르되 너희가 결코 죽지 아니하리라
> 너희가 그것을 먹는 날에는 너희 눈이 밝아져 하나님
> 과 같이 되어 선악을 알 줄 하나님이 아심이니라
> 창 3:4-5

결국 아담은 그 나무의 열매를 먹고 말았습니다. 그 결과 하나님께서 말씀하신 그대로 아담은 영원한 생명의 근원이신 하나님과의 관계가 단절되어 죽게 되었습니다. 거짓말로 미혹한 옛 뱀, 즉 사탄의 형상을 닮은 죄인이 되고 만 것입니다. 사탄이 가진 품성의 핵심은 교만이라고 할 수 있습니다. 하나님의 영광을 호위하던 피조물이 스스로 하나님이 되려고 했기 때문입니다. 불쾌할 수도 있겠지만 하나님 아버지 보시기에 성경은 모든 죄인된 사람들이 정도의 차이만 있을 뿐, 거짓의 아비의 자녀가 되고 말았다고 증거하고 있습니다(요 8:41, 44).

그런데 아담은 곧바로 죽지 않았습니다. 어떻게 된 일일까요? 반드시 죽으리라는 하나님 말씀의 뜻은 무엇이었던 것일까요?

하나님의 완전하고 영원한 형상(영과 혼)이 죄로 인해 깨져버렸고, 이를 담고 있던 인간의 몸 또한 흙(티끌)으로 돌아갈 허무한 존재가 되었음을 의미합니다. 결국 인간이 가진 하나님의 형상은 심히 상해버린 상태가 되었습니다. 영혼이 상한 인간에게는 저주만이 기다리고 있습니다. 썩어버린 마음(렘 17:9), 하나님의 영광이 떠나버린 영혼, 흙으로 돌아갈 처지의 몸만 남게 된 것이지요.

그렇다면 하나님의 자녀가 되었음에도 육체의 본성에 따라 이 세상의 것들에 소망을 두고 산다면 어떻게 될까요? 흙으로 돌아갈 때가 가까울수록 천국 소망에 대한 기쁨보다는 탄식과 두려움과 회한에 사로잡힐 수 있습니다.

만일 그리스도 안에서 우리가 바라는 것이 다만 이 세

상의 삶뿐이면 모든 사람 가운데 우리가 더욱 불쌍한
자이리라 그러나 이제 그리스도께서 죽은 자 가운데
서 다시 살아나사 잠자는 자들의 첫 열매가 되셨도다
사망이 한 사람으로 말미암았으니 죽은 자의 부활도
한 사람으로 말미암는도다 아담 안에서 모든 사람이
죽은 것 같이 그리스도 안에서 모든 사람이 삶을 얻으
리라 고전 15:19-22

그러므로 모든 그리스도인들은 자신의 영혼을
예수 그리스도 안에서 다시 하나님께 연결시켜 영
혼의 충만함을 이루어야 합니다. 영혼이 충만한 상
태란 곧 원래 창조 질서대로 하나님을 향하고 있는
상태입니다. 새 창조 회복의 열쇠는 예수 그리스도
안에 있습니다.

핵심과 나눔(Key points & Sharing points)

K1. 인간은 삶이라는 시간을 통과합니다. 이 시간이 내재하고 있는 것
    은 무엇입니까?

K2. 성도의 산 소망은 무엇과 긴밀히 연결되어 있습니까?

S1. 인간에게 있어서 하나님의 형상을 닮은 부분이 무엇인지 나눠 봅
    시다.

S2. 우리의 영혼이 하나님과 연결되어 영혼의 충만함을 이루고 있는지
    나눠 봅시다.

2 장 / 자연인 vs 그리스도인

인생의 두 가지 상태

사람들은 어떻게 살아가고 있습니까? 태어나서
부터 스스로의 지혜와 능력으로 하나님과 복음을
깨닫기는 어렵습니다. 들어봤다고 해서 믿게 되는
과정으로 이어지지도 않습니다. 실제로 많은 사람
들이 하나님을 알지 못합니다. 겉사람이 멀쩡하게
건강하다고 해도 속사람인 영혼은 중증 장애인일
수 있습니다. 성경은 인격 수양에 도움이 되는 옛
문헌들 중 하나에 불과할 수도 있습니다. 예수라는

성인(聖人)의 일대기를 그린 책일 수도 있고, 종교적 지혜를 담고 있는 책일 수도 있습니다. 성령은 스스로 계시는 삼위일체 하나님을 본 모습대로 깨달을 수 있도록 도와주십니다. 성령 하나님의 도우심이 없다면, 하나님의 아름다움과 천국 복음의 가치를 발견하는 일은 아예 불가능합니다.

인류의 역사를 살펴 보면, 근대로 접어들면서 신의 존재가 이성과 과학으로 대체되기 시작했음을 알 수 있습니다. 그리고 그것이 어리석은 현상으로 보이지 않을 때도 많지요. 사실상 그리스도인들도 이성과 과학으로부터 파생되고 발전해 온 여러 학문들에 기대어 살고 있습니다. 이성과 과학이 나쁘다는 이야기를 하려는 것은 결코 아닙니다. 이는 가치 판단의 영역이 아닙니다. 하지만 그것이 세상을 움직이는 전부라고 생각하는 견해에는 무언가 모자란 것이 있습니다. 아무리 과학이 발달하고 인간 이성에 따라 소위 합리적인 선택이 세상을 움직인다고 한들, 세상에는 그것만으로는 설명되지 않는 일들이 여전히 존재합니다.

바로 이 부분에 대한 답변이 성경에 있습니다. 물론 성경이 인간사의 세세한 부분과 작은 규칙, 그리고 모든 상황들에 대해 백과사전처럼 이야기 해주는 책은 아닙니다. 죄인된 인간에게 성경을 주신 의도는 세상 죄를 짊어지시고 십자가에 죽으신 예수 그리스도를 통해 세상 만물을 새롭게 회복하고 계시는 창조주를 계시하려는 것입니다. 큰 그림 안에서 세상 경영의 원리와 세상을 지탱하고 있는 손, 그리고 그 손이 추구하는 궁극적 방향이 어떤 것이냐에 대해서 이야기하고 있습니다. 그 보이지 않는 손의 주인이 바로 역사의 주관자이신 삼위일체 하나님이라고 성경은 여러 모습으로 보여줍니다.

위에서 잠깐 언급했듯이, 보이지 않는 하나님의 손을 알아챌 수 있는 진리는 하나님께 있습니다. 성령께서 우리를 거듭나게 하지 않으신다면 육신적으로는 눈을 뜨고 있어도 영적으로는 캄캄한 채로 살게 될 것입니다. 이렇듯 인생에는 두 가지 상태가 존재합니다. 하나는 자연인의 상태이며, 다른 하나는 성령으로 거듭난 상태입니다.

자연인의 삶

자연인의 상태라고 함은 하나님을 알지 못하는 상태를 의미합니다. 이는 죄의 영향 아래에 있는 상태이며, 아담의 후손이라면 누구나 처해 있는 상태이기도 합니다. 어떤 인생이라도 예외는 없습니다. 하나님께서 건져 주시지 않는다면 누구라도 속사람(영혼)이 죽어버린 이 상태를 벗어날 수 없습니다. 성경은 자연인의 상태를 가리켜 다음과 같이 설명하고 있습니다.

그는 허물과 죄로 죽었던 너희를 살리셨도다 그 때에 너희는 그 가운데서 행하여 이 세상 풍조를 따르고 공중의 권세 잡은 자를 따랐으니 곧 지금 불순종의 아들들 가운데서 역사하는 영이라 전에는 우리도 다 그 가운데서 우리 육체의 욕심을 따라 지내며 육체와 마음의 원하는 것을 하여 다른 이들과 같이 본질상 진노의 자녀이었더니 긍휼이 풍성하신 하나님이 우리를 사랑하신 그 큰 사랑을 인하여 허물로 죽은 우리를 그리스도와 함께 살리셨고(너희는 은혜로 구원을 받은 것이라) 또 함께 일으키사 그리스도 예수 안에서 함께 하늘에 앉히시니 이는 그리스도 예수 안에서 우리에게 자비하심으로써 그 은혜의 지극히 풍성함을 오는 여러 세대에 나타내려 하심이라 엡 2:1-7

또 범죄와 육체의 무할례로 죽었던 너희를 하나님이 그와 함께 살리시고 우리의 모든 죄를 사하시고 우리를 거스르고 불리하게 하는 법조문으로 쓴 증서를 지우시고 제하여 버리사 십자가에 못 박으시고 통치자들과 권세들을 무력화하여 드러내어 구경거리로 삼으시고 십자가로 그들을 이기셨느니라 골 2:13-15

이처럼 모든 인간들은 하나님 보시기에 다 죽어

있는 상태였습니다. 죄와 허물로 인해 영혼의 전원이 꺼져 버렸습니다. 더이상 하나님과 교제하지 못하고 영광의 빛을 밝히지도 못하는 상태가 되고 말았습니다. 자기가 죽어 있다는 사실조차 깨닫지 못하는 사람들에게 영원한 생명이란 존재하지 않고 필요하지도 않습니다. 지금 내가 살고 있는 세상에서의 삶이 전부라고 생각한다면, 영원이란 말도 안 되는 공허한 이야기처럼 들릴 수 밖에 없습니다.

이런 육신적인 생각에 완전히 길들여져 있는 사람이 마음을 열고 영원한 생명을 선물로 받는다는 것은 낙타가 바늘 귀를 통과하는 것처럼 불가능한 일입니다. 때로는 고난과 시련을 통해 육신적 생각에서 벗어나 영생의 선물을 받기도 합니다. 속사람의 입장에서는 인생의 고난이 하나님의 선하신 뜻을 깨닫는 은혜의 통로가 되기도 합니다. 그러므로 우리는 꼭 기억해야 합니다. 인생에서 육체의 죽음을 맞이하는 일이 우리의 완전한 종말이 아니라는 사실을 말입니다.

한 번 죽는 것은 사람에게 정해진 것이요 그 후에는
심판이 있으리니 히 9:27

이 첫째 부활에 참여하는 자들은 복이 있고 거룩하도
다 둘째 사망이 그들을 다스리는 권세가 없고 도리어
그들이 하나님과 그리스도의 제사장이 되어 천 년 동
안 그리스도와 더불어 왕 노릇 하리라 계 20:6

또 내가 보니 죽은 자들이 큰 자나 작은 자나 그 보좌
앞에 서 있는데 책들이 펴 있고 또 다른 책이 펴졌으
니 곧 생명책이라 죽은 자들이 자기 행위를 따라 책들
에 기록된 대로 심판을 받으니 바다가 그 가운데에서
죽은 자들을 내주고 또 사망과 음부도 그 가운데에서
죽은 자들을 내주매 각 사람이 자기의 행위대로 심판
을 받고 사망과 음부도 불못에 던져지니 이것은 둘째
사망 곧 불못이라 누구든지 생명책에 기록되지 못한
자는 불못에 던져지더라 계 20:12-15

성경에 분명히 기록되어 있습니다. 우리의 죽음 이후에는 하나님의 심판이 있습니다. 의로우신 재판장의 선고에 따라 영원한 생명(생명의 부활)과 영원한 죽음(심판의 부활)으로 나뉩니다. 각자 믿고 행한대로 선고를 받게 됩니다. 하나님을 알지 못하는 사람들은 이런 성경의 이야기를 듣고 비웃을지도 모릅니다. 하지만 이 이야기는 무시하고 넘어갈 문제가 아닙니다. 정말 그러한지 성경적으로 꼼꼼히 따져 볼 필요가 있습니다. 왜냐하면 각자의 운명이 결정되는 중요한 문제이기 때문입니다. 더이상 안일한 마음으로 인생을 낭비해서는 안 됩니다.

하나님을 알지 못하는 사람들은 이 세상에서 잠시 누릴 부와 권력과 존귀와 명예에 상당한 가치를 부여하고 그것이 전부인 줄 알고 살아갈 확률이 높습니다. 사람에게 영혼이 있고, 육체의 죽음으로 영혼까지 종말을 맞이하는 것은 아니라는 점을 우리는 기억해야 합니다.

다음으로 성령으로 거듭난 상태를 살펴보려고 합니다. 앞서 이야기했던 자연인의 상태와 차이점은 무엇일까요? 바로 하나님을 아느냐와 모르느냐의 차이라고 할 수 있습니다. 하나님을 안다는 것은 곧 내가 어떤 사람인지를 아는 것입니다. 나에 대한 바른 인식은 "내가 죄와 허물로 인해 죽은 상태"라는 것을 깨닫는 것으로부터 시작됩니다. 그 후에 예수님을 통해 주어지는 영원한 생명의 복음이 나에게 기쁨이 되고 감사의 제목이 되는 것이지요.

여기에서 말하는 "생명"은 "성령으로 인해 회복된 영혼의 상태"를 뜻합니다. 다시 한 번 강조하자면, 성령으로 거듭난 사람을 논할 때 중요한 건 속사람의 성숙 여부가 아닙니다. 성숙은 속사람이 성령으로 다시 태어난 이후의 과정입니다. 다시 태어나지도 않은 속사람이 어떻게 자랄 수 있겠습니까? 하나님이 세상을 그의 뜻대로 다스리심을 믿는 사람은 누구나 미성숙한 상태에서 성숙한 상태로 나아갈 가능성을 충분히 가지고 있습니다.

예수님은 영생의 말씀 씨앗을 마음 밭에 심는 사람들의 상태에 대해 다음과 같은 비유를 가르치고 있습니다.

> 그 날 예수께서 집에서 나가사 바닷가에 앉으시매 큰 무리가 그에게로 모여 들거늘 예수께서 배에 올라가 앉으시고 온 무리는 해변에 서 있더니 예수께서 비유로 여러 가지를 그들에게 말씀하여 이르시되 씨를 뿌리는 자가 뿌리러 나가서 뿌릴새 더러는 길 가에 떨어지매 새들이 와서 먹어버렸고 더러는 흙이 얕은 돌밭에 떨어지매 흙이 깊지 아니하므로 곧 싹이 나오나 해가 돋은 후에 타서 뿌리가 없으므로 말랐고 더러는 가시떨기 위에 떨어지매 가시가 자라서 기운을 막았고 더러는 좋은 땅에 떨어지매 어떤 것은 백 배, 어떤 것은 육십 배, 어떤 것은 삼십 배의 결실을 하였느니라 귀 있는 자는 들으라 하시니라 마 13:1-9

하나님의 말씀을 듣고 반응하는 사람들의 마음 밭이 다 좋은 것은 아님을 알 수 있습니다. 하나님의 말씀을 많이 듣고, 교회 생활을 오래 했다고 해서 저절로 좋은 마음 밭이 되는 것은 아닙니다. 실제 농사에서 옥토를 만들기 위해 농부들이 많은 수고를 하는 것과 같은 이치겠지요.

하나님의 말씀을 듣고 믿었던 그리스도인이라고 해도 믿음에 대한 시험과 고난이 왔을 때 쉽게 무너지는 경우가 있습니다. 기대를 가지고 신앙생활을 시작했다가 원하던 결과를 얻지 못하자 신앙을 포기해 버리는 경우도 있지요. 같은 죄를 반복해서 범하면서 죄의 중독에서 벗어나지 못할 때도 있습니다. 위대한 믿음의 사람, 사도 바울도 죄인된 인생의 한계를 뼈저리게 경험했던 것 같습니다.

우리가 율법은 신령한 줄 알거니와 나는 육신에 속하여 죄 아래에 팔렸도다 내가 행하는 것을 내가 알지 못하노니 곧 내가 원하는 것은 행하지 아니하고 도리

　바울은 "내가 원하는 것은 행하지 아니하고 도리어 미워하는 것을 행한다."고 말합니다. 사도 바울과 같은 사람도 죄에서 완전히 벗어나지 못하고 있다고 고백합니다. 하지만 그는 끝까지 포기하지 않고 하나님의 도우심과 긍휼을 구했습니다. 십자가에서 죽기까지 하나니의 뜻에 순종하셨던 그리스도를 생각했습니다.

　그러나 성경이 모든 것을 죄 아래에 가두었으니 이는 예수 그리스도를 믿음으로 말미암는 약속을 믿는 자들에게 주려 함이라 갈 3:22

　사람의 모양으로 나타나사 자기를 낮추시고 죽기까지 복종하셨으니 곧 십자가에 죽으심이라 빌 2:8

　이처럼 우리도 죄에서 벗어나지 못할 때 하나님

의 은혜와 도우심을 구하며 나의 영혼의 코드를 온전히 하나님과 연결시키기를 힘써야 합니다. 육체의 생명을 지키려는 본질적 욕망이 우리를 사로잡을 때 하나님의 뜻에 온전히 순종하기를 더 힘써 구하십시오. 성령의 능력이 임하여 우리를 도우시길 간구하십시오. 자기를 비워 종이 되시고 자기 십자가를 기꺼이 지셨던 성자 예수님을 기억합시다. 그리하면 그리스도인의 영혼은 예수님께서 본으로 보여 주신 대로 성장하게 될 것입니다.

핵심과 나눔(Key points & Sharing points)

K1. 인간의 인생은 두 가지 상태로 나눌 수 있습니다. 그 상태는 무엇
입니까?

_____

_____

K2. 육체의 생명을 지키려는 본질적 욕망이 우리를 사로잡을 때 우리
가 해야 할 일은 무엇입니까?

_____

_____

S1. 보이지 않는 하나님의 손길을 체험한 경험이 있다면 나눠 봅시다.

_____

_____

_____

S2. 나의 마음 밭의 상태는 어떠한지 나눠 봅시다.

_____

_____

_____

_____

3장 / 푯대를 향하여

예수님의 삶과 성장

우리의 영혼은 어떻게 장성하고 충만해질 수 있을까요? 우리가 푯대로 삼아 닮아가야 할 영혼의 성숙은 어떤 모습이어야 할까요? 신앙의 경력이 몇 십 년 이상인 사람들, 신앙의 배경이 대대손손인 사람들조차 쉽게 대답할 수 있는 문제가 아닐 것입니다. 아는 것과 행하는 것은 긴밀한 관계이지만, 실제의 경우에는 별개의 영역처럼 작동하기 때문입니다. 영혼의 성장 단계에 대해 한 번 더 차근

차근 생각해 봅시다. 그러다 보면 우리가 추구해야
할 성장의 방향이 더 선명하게 보일 것입니다.

이를 위해 우리의 완전한 모범이 되신 예수 그리
스도의 성장 단계를 살펴봅시다. 예수님은 완전한
하나님이자 동시에 완전한 인간으로서 우리의 본
이 되십니다. 예수님께서는 구약의 수많은 예언대
로 이 땅에 오셨습니다. 그리고 그 모든 예언을 성
취하셨습니다. 구약에서 예수님에 대한 두 가지 중
요한 예언은 다음과 같습니다.

> 내가 너로 여자와 원수가 되게 하고 네 후손도 여자의
> 후손과 원수가 되게 하리니 여자의 후손은 네 머리를
> 상하게 할 것이요 너는 그의 발꿈치를 상하게 할 것이
> 니라 하시고 창 3:15

> 그러므로 주께서 친히 징조를 너희에게 주실 것이라
> 보라 처녀가 잉태하여 아들을 낳을 것이요 그의 이름
> 을 임마누엘이라 하리라 사 7:14

이외에도 창세기부터 말라기까지 수많은 구약의 예언들이 예수님을 통해 이루어졌다는 것을 성경 곳곳에서 증언하고 있습니다. 예수님은 어느 순간 뚝딱 만들어진 분이 아니십니다. 예수님은 우리와 같은 인간으로 태어나셨으며, 아기의 상태에서 장성한 장년에 이르기까지 모든 성장 과정을 겪으셨습니다.

비록 성경은 아기 예수님에 관해 자세하게 설명하고 있지는 않지만, 구약에 기록된 예언을 성취하는 분이라는 사실 만큼은 명확합니다. 이로써 예수님의 아기 시절은 하나님 아버지의 예정하신 뜻에 의해 시작되었음을 알 수 있습니다. 더불어 아기 시절부터 기록되어 있는 예수님의 성장 이야기는 우리에게 있어서 육체의 성장만이 아니라 속사람의 성장, 즉 영적인 아기부터 성숙한 신앙인이 되는 과정을 가르쳐주는 거울이 됩니다.

유대인들은 전통적으로 아이가 12살이 되면 성인식을 합니다. 그때 일가친척들이 약간의 돈을 모아 줍니다. 스스로 경제 관리를 할 수 있는 기회를 줘서 성숙한 어른으로 성장할 수 있도록 돕는 것이지요. 신앙 교육도 마찬가지였습니다. 유대인들은 유년기에서 시작해 본격적으로는 12살 때부터 부지런히 율법의 말씀을 배웁니다. 모세를 통해 주신 율법, 즉 토라의 말씀은 신약의 그리스도인들과 무관한 것이 아닙니다. 율법은 예수님께서 죽으시고 부활하심으로 우리가 지켜야 할 생명의 성령의 법, 즉 새 계명이 된 것입니다. 모세를 통해 주신 구약 율법은 우리를 은혜의 복음으로 안내합니다. 그리고 예수님을 통해 주신 은혜의 복음은 우리를 죄에 대해 죽고 하나님의 말씀에 순종하는 새 율법으로 안내합니다.

예수님도 평범한 소년들처럼 10대 시절을 부모의 보호 아래 보내셨을 것입니다. 그리고 아버지 요셉의 일이었던 목수 일을 도우면서 사춘기 청소년 시절과 20대 청년기를 보내셨을 것입니다. 예수님의 성장 과정에 대해 성경은 자세하게 언급하지 않고 있지만 예수님도 분명히 유대 전통과 문화 안에서 성장의 단계를 차례로 밟았을 것이라고 추측할 수 있습니다.

성경은 30대의 예수님에 대해서 자세하게 기록하고 있습니다. 그리고 30이라는 나이는 예수님께서 공생애를 시작하신 나이로 추정하곤 합니다. 하지만 예수님의 청장년기 이야기를 시작하기 전에 먼저 세례 요한이라는 인물을 알 필요가 있습니다.

누가복음에 따르면 세례 요한은 예수님의 사촌 격인 인물로 소개됩니다. 요한의 아버지인 사가랴는 성전에서 봉사하는 제사장이었는데, 어느 날 천사로부터 아들 요한이 잉태될 것과 그가 엘리야의 심령과 능력으로 많은 백성을 하나님께로 돌아오게 할 것이라는 예언을 듣습니다. 그 예언은 다음과 같습니다.

그가 또 엘리야의 심령과 능력으로 주 앞에 먼저 와서 아버지의 마음을 자식에게, 거스르는 자를 의인의 슬

기에 돌아오게 하고 주를 위하여 세운 백성을 준비하

리라 눅 1:17

그 부친 사가랴가 성령의 충만함을 받아 예언하여 이

르되 찬송하리로다 주 이스라엘의 하나님이여 그 백

성을 돌보사 속량하시며 우리를 위하여 구원의 뿔을

그 종 다윗의 집에 일으키셨으니 이것은 주께서 예로

부터 거룩한 선지자의 입으로 말씀하신 바와 같이 우

리 원수에게서와 우리를 미워하는 모든 자의 손에서

구원하시는 일이라 우리 조상을 긍휼히 여기시며 그

거룩한 언약을 기억하셨으니 곧 우리 조상 아브라함

에게 하신 맹세라 우리가 원수의 손에서 건지심을 받

고 종신토록 주의 앞에서 성결과 의로 두려움이 없이

섬기게 하리라 하셨도다 이 아이여 네가 지극히 높으

신 이의 선지자라 일컬음을 받고 주 앞에 앞서 가서

그 길을 준비하여 주의 백성에게 그 죄 사함으로 말미

암는 구원을 알게 하리니 이는 우리 하나님의 긍휼로

인함이라 이로써 돋는 해가 위로부터 우리에게 임하

여 어둠과 죽음의 그늘에 앉은 자에게 비치고 우리 발을 평강의 길로 인도하시리로다 하니라 아이가 자라며 심령이 강하여지며 이스라엘에게 나타나는 날까지 빈 들에 있으니라 눅 1:67–80

그리고 요한은 실제로 장성하여 물로 세례를 베푸는 활동을 하며 많은 사람들에게 이름을 알리게 되고, 영향력 있는 인물이 됩니다. 유대의 백성들과 고위 관리들 사이에서는 '이 요한이 혹시 그리스도(메시아)가 아닌가?'라는 생각이 들 정도였습니다. 하지만 요한은 자신이 그리스도가 아니며, 진짜 그리스도는 내 뒤에 오실 것이라고 밝히 이야기합니다.

백성들이 바라고 기다리므로 모든 사람들이 요한을 혹 그리스도신가 심중에 생각하니 요한이 모든 사람에게 대답하여 이르되 나는 물로 너희에게 세례를 베풀거니와 나보다 능력이 많으신 이가 오시나니 나는

그의 신발끈을 풀기도 감당하지 못하겠노라 그는 성
령과 불로 너희에게 세례를 베푸실 것이요 눅 3:15-16

성경을 통해 요한 이후에 예수님의 본격적인
사역이 시작되는 것을 발견할 수 있습니다. 예수
님은 공생애 사역을 시작하시면서 요한을 만나
요단강에서 물로 세례를 받고, 요한은 예수님 위
에 성령이 임하시는 것을 보게 되지요. 진정한
그리스도(메시아)가 이 땅 가운데 나타나신 것입
니다.

민수기 1장을 보면 율법의 전통에 따라 20세 이
상의 청년들은 전쟁에 나갈 수 있는 군인으로 계수
되었습니다. 예수님 당시도 마찬가지였습니다. 예
수님은 20대를 지나 민수기 4장의 법대로 30세 장
년부터 본격적으로 공생애 사역을 시작하셨습니
다. 청년기를 지나 장년이 되신 예수님은 세상 임
금 마귀와 영적 전쟁을 치릅니다. 이 일은 언제 일
어났을까요? 바로 겟세마네 동산과 골고다 언덕에

서 일어났습니다. 예수님은 죽기까지 자신을 부인
하며 하나님 아버지의 뜻에 순복하고, 죽음의 쓴
잔을 마셨습니다. 예수님께서는 십자가에서 일곱
마디 말씀을 남기셨는데, 그 마지막 말씀이 이러합
니다.

> 예수께서 큰 소리로 불러 이르시되 아버지 내 영혼을
> 아버지 손에 부탁하나이다 하고 이 말씀을 하신 후 숨
> 지시니라 눅 23:46

이 말씀은 평소에 예수님의 영적 모습이 어땠는
지 잘 보여줍니다. 예수님은 30대가 되기까지 그
지혜(영혼)와 몸이 장성하게 성장하면서 하나님 아
버지께 모든 것을 온전히 맡기고 순종하는 삶을 사
셨습니다. 그 결과 십자가에서 담대하게 세상 임금
인 마귀와 싸우셨고 승리하실 수 있었던 것입니다.
예수님은 인간의 죄를 대속하기 위해 의로우신 재
판장이신 하나님께 대신 정죄를 당하고 완전히 버

림 받아야 했습니다. 그러한 철저한 소외를 마지막 순간까지 견뎌낼 정도로 예수님은 영적으로 강건하고 성숙하셨습니다.

장성한 분량에 이르자

이 땅에서 예수님의 성장 단계를 통해 우리 영혼은 어떤 단계를 거쳐 자라는지 살펴볼 수 있습니다. 예수님은 유아기, 소년기, 12살로 시작되는 청소년 시절, 20대 청년 시절, 30세부터 시작되는 청장년 시절을 보내셨습니다. 총 6단계입니다. 그 기간 동안 우리를 포함한 수많은 제자들에게 있어서 충분히 자랑스러운 스승과 완전한 본이 되어 주셨습니다.

우리의 모범되신 예수님의 성장기를 참고하여 영적인 속사람의 성장 단계를 살펴봅시다. 헬라어는 섬세하고 논리적인 특성을 가지고 있어서, 속사람의 성장 단계를 구분하는 데 충분한 근거를 제시해줍니다. 헬라어로 유아기를 네피오스(Nepios), 어린아이(소년 /소녀)는 파이디온(Paidion), 사춘기 청소년은 테크논(Technon), 20대 청년기는 네아니스코스(Neaniskos), 청장년기는 휴이오스(Huios), 아버지는 파테르(Pater)로 표현합니다. 헬라어는 이렇게 성숙의 단계를 다른 단어들로 구분합니다. 다시 한 번 각각의 단계를 요약하며 정리해 봅시다.

먼저 유아기(고전 2:14-15, 3:1, 14:20, 갈 4:1, 히 5:13)를 시작하며 우리는 세상에 태어나게 됩니다. 이를 영적으로 비유하면 하나님의 자녀로서 삶이 시작되었다고 할 수 있습니다. 그리고 어린아이(눅 1:80, 2:40, 요일 2:18, 고전 13:11)가 무럭무럭 자라나듯이 우리가 가진 하나님에 대한 지식도 자라날 것입니다. 이런 과정을 거쳐 영적인 사춘기인 청소년기(마 18:2, 요 13:33, 요일 2:12)에 접어듭니다. 이즈음에 이르러 우리는 질풍노도의 시기를 보내게 될지도 모릅니다. 하나님을 의심하거나 우리의 욕망을 하나님의 뜻에 투영시킵니다. 하나님의 뜻에 순종하는 것을 즐거워하기보다는 하나님의 뜻을 빙자하여 나의 욕망에 충실한 시간을 보낼 수도 있다는 의미지요. 하지만 이상하지 않습니다. 여전히 연약하고 불순종의 죄성을 가진 우리는 성령 하나님의 도우심을 받으며 점점 더 성장해 나가고 있기 때문입니다.

비록 질풍노도의 영적 사춘기를 보낼지라도 하나님을 향한 우리 영혼의 방향을 잃어서는 안 됩니다. 우리가 잠시 하나님을 향한 방향을 잃는다고 해도, 하나님의 보좌 우편에 계신 예수님과 우리 안게 거하시는 성령께서 말할 수 없는 탄식으로 우리를 위해 기도하심으로(롬 8:26, 8:34) 돕고 계심을 잊지 마십시오. 하나님은 우리의 영혼이 잠시 방황하고 있어도 포기하지 않고 다시금 당신을 향해 돌아오도록 쉬지 않고 일하고 계십니다.

영적인 유아기, 어린아이, 청소년기를 지나 우리의 속사람이 더 성장하게 되면 청년기(행 2:17, 요일 2:13-14)에 이르게 됩니다. 속사람이 20대처럼 튼튼하고 건강하게 잘 성장하고 나면, 우리는 악한 영들과의 영적 전쟁에서 승리할 수 있게 됩니다. 이는 당연히 우리의 힘 때문이 아니라, 하나님 아버지께서 성령의 능력을 덧입혀 도와주시기 때문입니다. 하지만 승리하는 중에도 교만하거나 안일함으로 여전히 넘어질 수 있음을 언제나 기억해야 합니다.

여러 시행착오를 겪으면서도 계속 성장해 간다면 어느덧 30세 이상의 장년(마 5:9, 롬 8:14, 19, 계 21:7)이 되겠지요. 이때부터는 좀 더 성숙한 신앙인으로서 경건의 능력들이 삶 가운데 나타나게 됩니다. 안타까운 것은 많은 유혹과 시험의 방해를 이기고 성숙한 신앙인으로 성장하는 것이 그리 쉽지 않다는 점입니다. 영적인 유아나 어린아이, 혹은 청소년 단계에만 머물면 안 됩니다. 우리의 신앙은 청년기와 장년기를 지나 영적인 아버지(고전 4:15, 요일 2:13-14)의 상태에 이르러야 합니다. 성경은 다음과 같이 말씀합니다.

우리는 그리스도 때문에 어리석으나 너희는 그리스도 안에서 지혜롭고 우리는 약하나 너희는 강하고 너희는 존귀하나 우리는 비천하여 바로 이 시각까지 우리가 주리고 목마르며 헐벗고 매맞으며 정처가 없고 또 수고하여 친히 손으로 일을 하며 모욕을 당한즉 축복하고 박해를 받은즉 참고 비방을 받은즉 권면하니 우리가 지금까지 세상의 더러운 것과 만물의 찌꺼기 같이 되었도다 내가 너희를 부끄럽게 하려고 이것을 쓰는 것이 아니라 오직 너희를 내 사랑하는 자녀 같이 권하려 하는 것이라 그리스도 안에서 일만 스승이 있으되 아버지는 많지 아니하니 그리스도 예수 안에서 내가 복음으로써 너희를 낳았음이라 고전 4:10-15

이처럼 성경은 "아버지는 많지 않다"라고 말씀합니다. 그러나 우리는 하나님 아버지 마음의 깊은 뜻을 헤아릴 수 있어야 합니다. 그러기 위해서는 지혜와 계시의 성령으로 충만하여야 합니다. 예수님처럼 하나님 아버지의 마음을 품을 때 가능한 영혼의 상태입니다.

아버지의 깊은 뜻에 죽기까지 복종하신 예수 그
리스도의 마지막을 깊이 생각해봅시다. 예수님께
서는 어떻게 하셨습니까? 많은 수치와 조롱과 고
문 앞에 계셨음에도 불구하고 자기를 배신하고 손
가락질하는 수많은 군중들, 심지어 자신을 따르다
가 숨어버린 제자들까지도 불쌍히 여기셨습니다.
자신의 신적 능력으로 이 모든 고난에서 얼마든지
벗어날 수 있었음에도 불구하고 그렇게 하지 않으
셨습니다. 자신이 속죄의 희생 제물이 되시는 것이
죄와 사망의 저주 아래 고통 당하는 온 세상을 구
원할 길임을 잘 아셨기 때문입니다.

결국 이와 같이 자기를 부인하고 자기 십자가를
기꺼이 지는 마음이야 말로 하나님 아버지의 뜻에
도달한 영적인 아비의 마음이라고 할 수 있습니다.
수많은 시험들을 통과하면서도 끝까지 즐거운 마
음으로 순종하는 그리스도인들이야 말로 영적 아
비의 단계까지 이른 분들이라 할 수 있습니다. 이

러한 단계까지 이르기를 사모하며 훈련해 갑시다.

이 외에도 여러 성경 본문에 속사람의 성장 단계들을 암시하는 표현들이 있습니다. 때로는 2가지로 나뉠 수 있고, 3가지로 나뉠 수도 있으며, 또 4가지로 나뉠 수도 있습니다. 우리가 앞서 살펴본 6단계의 성장 단계와 맥은 동일합니다. 그러나 속사람의 "성장 단계를 어떻게 구분하는가?" 보다 더 중요한 것은 우리의 속사람이 "실제로 성장하고 있는가?" 가 더 중요합니다. 가장 간단하게 속사람의 성장 단계를 구분하면 아이의 단계와 어른의 단계라고 할 수 있습니다. 또 요한일서에는 사도 요한이 영혼 성장의 4가지 단계를 다음과 같이 잘 정리해 주고 있습니다.

> 자녀들아(Technon, 사춘기 청소년의 단계) 내가 너희에게 쓰는 것은 너희 죄가 그의 이름으로 말미암아 사함을 받았음이요 아비들아(Pater, 영적 아비의 성숙 단계) 내가 너희에게 쓰는 것은 너희가 태초부터 계신

이를 알았음이요 청년들아(Neaniskos, 영적 청년기 단계) 내가 너희에게 쓰는 것은 너희가 악한 자를 이기었음이라 아이들아(Paidion, 영적인 어린아이 단계) 내가 너희에게 쓴 것은 너희가 아버지를 알았음이요 아비들아 내가 너희에게 쓴 것은 너희가 태초부터 계신 이를 알았음이요 청년들아 내가 너희에게 쓴 것은 너희가 강하고 하나님의 말씀이 너희 안에 거하시며 너희가 흉악한 자를 이기었음이라 이 세상이나 세상에 있는 것들을 사랑하지 말라 누구든지 세상을 사랑하면 아버지의 사랑이 그 안에 있지 아니하니 이는 세상에 있는 모든 것이 육신의 정욕과 안목의 정욕과 이생의 자랑이니 다 아버지께로부터 온 것이 아니요 세상으로부터 온 것이라 이 세상도, 그 정욕도 지나가되 오직 하나님의 뜻을 행하는 자는 영원히 거하느니라

요일 2:12-17

사도 요한은 이 본문에서 영적인 어린아이, 사춘기 청소년, 청년, 아비 이렇게 총 4가지 단계로 그

리스도인들의 영적 성장의 단계를 구분하여 권면합니다. 우리는 예수님의 성장 단계를 중심으로 그리스도인들의 속사람이 어떻게 성장하는지 살펴보았습니다. 사도 요한은 속사람의 성장 단계에 맞춰 그들이 받아들일 수 있는 수준의 권면을 하고 있음을 알 수 있습니다.

바울도 많은 시행착오 끝에 고린도전서 3장 1-2절에서 밝힌 바와 같이 고린도 성도들의 영적 수준을 고려하여 영혼의 양식을 밥이 아닌 젖으로 먹인다고 탄식했지요. 그러므로 영혼의 양식인 말씀을 잘 소화하고 경건의 능력을 따라 이기는 삶을 살기 위해서라도 우리의 속사람은 반드시 성숙한 단계로 나아가야 합니다.

하나님을 얼마나 오래 믿었느냐, 어떤 직분을 가졌느냐, 이것이 우리 신앙의 성숙함을 보장해주지 않습니다. 영혼이 성숙해진다는 것은 날마다 자신의 정욕과 욕심을 십자가에 못박고 하나님의 말씀을 맛있게 먹고 소화하여 순종할 때 비로소 가능한 일입니다. 우리는 하나님의 은혜를 입었고, 예수 그리스도를 통해 하나님께서 이루신 놀라운 사건을 체험적으로 아는 하나님의 자녀입니다. 성령 하나님으로 인해 영혼이 새롭게 태어난 우리들은 육체의 남은 생애를 하나님의 사람으로서 장성한 분량에 이르기를 사모하며 살아야 합니다. 성경은 이에 대해 우리에게 많은 도전과 격려를 주고 있습니다.

> 형제들아 나는 아직 내가 잡은 줄로 여기지 아니하고 오직 한 일 즉 뒤에 있는 것은 잊어버리고 앞에 있는 것을 잡으려고 푯대를 향하여 그리스도 예수 안에서 하나님이 위에서 부르신 부름의 상을 위하여 달려가노라 그러므로 누구든지 우리 온전히 이룬 자들은 이렇게 생각할지니 만일 어떤 일에 너희가 달리 생각하면 하나님이 이것도 너희에게 나타내시리라 오직 우리가 어디까지 이르렀든지 그대로 행할 것이라 빌 3:13-16

많은 사람들이 하나님을 알지 못해 자연인의 상태로 살아가고 있습니다. 그들은 육신의 눈에 보이는 100년 남짓의 삶, 즉 티끌로 돌아갈 인생이 전부인 줄 알고 이 세상에 모든 것을 투자하며 아등바등 살아가고 있습니다.

하지만 우리는 성령과 말씀을 통해 알고 있습니다. 하나님께서 예수 그리스도를 통해 비참한 우리의 운명을 어떻게 바꾸셨고, 우리의 죄와 허물을 어떻게 속량하셨으며, 성령 하나님을 통해 우리를 어떻게 돕고 계시는지를 말입니다.

지금도 우리는 성령 하나님의 도우심을 받고 있습니다. 여전히 영적으로 미숙하고 연약한 믿음의 모습을 가지고 있더라도 낙심하지 맙시다. 주님을 본받아 성령과 말씀의 도우심 안에서 얼마든지 성장할 수 있기 때문입니다. 언제 어디서나 우리 영혼이 하나님과 연결되어 있기를 소망합시다. 우리는 육신의 욕망에서 벗어나 성숙한 신앙인이 되어 아비의 마음으로 하나님의 자녀들을 낳고 양육하는 수고를 감당해야 합니다.

　우리의 모든 행위와 하나님께 대한 충성과 사랑은 하나님의 때가 될 때 드러나게 됩니다. 하나님은 그에 대한 상급을 금생과 내생에서 모두 갚아주실 것입니다. 이를 위해 우리는 영혼의 성장을 위한 시련과 훈련의 터널을 지나가야 하겠지요. 많은 사람들이 찾지 않는 좁고 협착한 자기 십자가의 길입니다. 우리 영혼의 영원한 푯대이신 주님을 바라보며 좁은 길을 걸어갈 때 우리는 계속해서 성장해 나갈 수 있습니다. 그 여정에 동참하여 하나님의 은혜 가운데 성장할 수 있기를 축원합니다.

핵심과 나눔(Key points & Sharing points)

K1. 영혼 성장의 6단계는 무엇입니까?

_____

_____

_____

K2. 영혼의 성숙을 위해 우리가 취해야 할 자세는 무엇입니까?

_____

_____

_____

S1. 내 영혼의 성장 단계(6단계)는 어느 정도라고 생각하는지 나눠 봅
시다.

_____

_____

_____

S2. 성숙한 신앙인이 되기 위해 지금 해야 할 일은 무엇이라고 생각하
는지 나눠 봅시다.

_____

_____

_____

_____

_____

생선 아카데미 / 인간론 ❸
푯대를 향하여

2021년 11월 21일 초판 발행

지 은 이 | 박진석

펴 낸 이 | 김수홍
편   집 | 유동운, 김설향
디 자 인 | 사라박
펴 낸 곳 | 도서출판 하영인
등   록 | 제504-2019-000001호
주   소 | 포항시 북구 삼흥로411
전   화 | 054) 270-1018
블 로 그 | https://blog.naver.com/navhayoungin
이 메 일 | hayoungin814@gmail.com
인스타그램 | https://www.instagram.com/hayoungin7

ISBN 979-11-971556-3-5(03230)

값 4,900원

＊ 도서출판 하영인은 복음이 전해지지 않은 곳에 신앙에 유익한 도서를
  보급하는 데 앞장섭니다. 해외 문서 선교에 뜻이 있는 분들의 참여를
  기다립니다.
  후원 _ 국민은행 821701-01-597990 도서출판 하영인